ALLOCUTION

PRONONCÉE PAR

Monsieur l'abbé DE MONTIGNY

Chanoine de l'Église Métropolitaine de Saint-André de Bordeaux

DANS L'ÉGLISE DE MARQUEFAVE

POUR LE MARIAGE DE

Monsieur le Baron ÉLIE DE SAINT-LÉGIER D'ORIGNAC

AVEC

Mademoiselle GERMAINE D'ESCOUBÈS DE MONLAUR

Le 24 Septembre 1890

———— ◆ ◆◆ ◆ ————

MADAME, MON CHER AMI,

Quatre ans à peine écoulés, je bénissais, près du berceau de votre famille, l'union d'un frère aîné; vous étiez le témoin de cette touchante cérémonie; aujourd'hui, vous êtes l'époux, et vous demandez à la même main de bénir votre mariage, à la même voix d'exprimer des vœux avec une prière. Comme homme, je pourrais m'excuser dans la crainte de redites fatigantes, bien que le cœur ait une parole qu'il redit toujours sans jamais la répéter; comme prêtre, et grâce à la bienveillante délégation du vénéré pasteur de cette paroisse, je représente ici le prêtre, ce témoin nécessaire au sacrement catholique; comme prêtre, je dispose d'une parole toujours jeune, c'est Dieu qui l'inspire, d'une bénédiction toujours efficace ; c'est le sacrifice d'un Dieu qui la féconde.

L'acte dont vous venez d'être le ministre est de ceux qui se posent dans le temps et qui ont leur retentissement dans l'éternité. Nous y voyons le côté humain, il est grand ; il faut être aveugle pour ne pas reconnaître le côté divin dans ce contrat d'un ordre supérieur, qui touche aux fondements même des sociétés. Oui, le mariage est divin dans ses origines. Le Créateur préside en personne aux premières noces de l'humanité, et, lorsque Adam s'éveille d'un sommeil mystérieux, il interroge son cœur blessé, il contemple sa chair transformée, puis il chante, dans une hymne prophétique, toutes les grandeurs de cette union voulue par Dieu, son unité, sa perpétuité, sa fécondité ; voici l'os de mes os et la chair de ma chair : *os de ossibus meis*. C'est pourquoi l'homme quittera son père et sa mère et s'attachera à son épouse, et ils seront deux dans une seule chair : *et erunt duo in carne unâ*. (Gen. chap. II, 23, 24.)

Le mariage est divin dans sa constitution définitive ; Jésus-Christ, le Dieu Sauveur, accentue dans son évangile ce trait du divin, en pressant le contrat naturel. Vous entendez bien : tout le contrat, pour élever ainsi le mariage à la dignité du sacrement, ce signe sensible de la grâce invisible qui pénètre les âmes de ses énergies surnaturelles et qui les divinise, en quelque sorte, par une participation à la nature même de Dieu. Il importe d'affirmer ces vérités à une heure où l'orgueil humain veut renouveler le drame des premiers jours, porter une main sacrilège sur l'arbre de la science du bien et du mal, et substituer l'homme à Dieu. Trois choses, a dit magnifiquement saint Augustin, un des plus grands génies de l'humanité, trois choses constituent le mariage : la fidélité, la fécondité et le sacrement. Des pouvoirs humains ont touché au sacrement ; que dis-je, ils cherchent à l'éliminer, et comme le sacrement était la substance, la fidélité et la fécondité ont eu la destinée de ces fleurs dont la tige a perdu la sève natale; elles s'inclinent sans éclat et sans l'espérance d'un fruit.

Aucune réflexion pénible ne doit attrister cette belle journée: cependant, si quelqu'un dans ce magnifique auditoire accusait ma parole d'exagération, je le renverrai à des statistiques, hier encore l'effroi de ces moralistes et de ces politiques livrés aux impuissances de la raison et forcés de reconnaitre politiquement que la famille sans le divin du sacrement est devenue un foyer où la fidélité périclite et où les berceaux se font rares. — Vous pardonnerez, mon cher ami, ces considérations que légitiment la pureté des circonstances : si mes souvenirs de collège sont fidèles, vous avez peu aimé le sermon, je suis dans une position délicate pour dire que vous aviez raison : le livre vivant de la nature eut pour vous ces charmes puissants qui attiraient les anciens chevaliers plus fiers du faire que du dire. Dieu n'a-t-il pas livré toute créature à l'homme pour en faire l'instrument de son élévation morale et physique ? Parmi tous ces êtres, il en est un qui le séduit dès le premier jour par l'élégance de ses formes, l'expression de sa physionomie, ce je ne sais quoi de supérieur dans l'instinct qui permit à l'homme d'en faire le compagnon fidèle de ses marches dans la victoire comme dans la défaite.

L'auteur inspiré en fait au livre de Job une description trop célèbre dans nos littératures pour la refaire après lui, mais qui permet de dire avec le sentiment unanime : le coursier est le siège naturel de l'homme qui commande. Ne croyez pas que je m'égare dans une digression puérile pour y chercher d'inutiles compliments ou pour rappeler une de ces mille circonstances qui semblent un jeu aux mains de la divine Providence. pour conduire toute créature à sa fin.

Ecoutez plutôt : lorsque le fils du premier homme se présenta devant l'autel du Créateur avec les animaux que sa main avait domptés, les fruits que sa sueur avait fécondés, Jehova lui fit cette profonde réponse : Fils de l'homme, la domination que tu exerces sur la nature sensible, n'est qu'une image de la domination tout autrement nécessaire que tu dois exercer sur toi-même, pour mériter ma bénédiction : « *Sub te erit appetitus tuus et tu dominaberis illum;* » tu portes au plus intime de ton être un coursier orageux, il faut le dompter et faire de la passion la vertu; alors, mais alors seulement, tu rentreras au foyer domestique dans toute la plénitude de ta force et de ta beauté, avec une âme vivante qui substitue aux effervescences passagères de la passion qui nait le matin pour se flétrir le soir, cet amour animé par un principe supérieur qui, sans être insensible aux dons fugitifs de la nature, s'élève jusqu'aux régions immuables de l'idéal et lui fait découvrir, dans les ruines même du temps, une beauté et des charmes souverains qui le captivent et le retiennent. Ah! mon cher ami, soyez cet homme qui remporte sur lui-même la plus belle des victoires et mérite de porter ainsi au front la plus belle des couronnes : celle de la paternité. Vous serez aidé dans cette tâche toujours difficile, par la grâce sacramentelle qui ne fait jamais défaut au chrétien qui la demande. Vous y serez aidé par les traditions de votre famille, si bien connue dans les terres d'Aunis et de Saintonge. Faut-il rappeler le souvenir de votre aïeul, véritable patriarche, dont la mémoire semble préservée des atteintes fatales de l'oubli? Comme vous, ce parfait gentilhomme aima les exercices généreux du corps, mais il fut surtout ce juste, loué dans nos saints livres, qui possédait son âme dans la vertu et qui avait fait de son foyer un sanctuaire où l'étranger venait aux jours plus tristes chercher la reconnaissance du droit et l'amour du devoir. Votre père apprit à son école la franchise de caractère et la noblesse de sentiments, héréditaires dans votre famille. Vous y serez aidé, par les exemples et les prières d'une mère, dont j'aurai tout dit en redisant les paroles de son époux : C'est une véritable chrétienne.

Enfin, vous trouverez un aide d'autant plus puissant, que son action se voilera dans un acte d'amour. Vous le trouverez, dis-je, dans celle que le Seigneur vous a choisie, comme il choisissait autrefois pour les fils d'Isaac et de Tobie, ce présent le plus précieux de tous : une femme capable de soutenir l'homme dans les luttes de la vie. Elle reçut du ciel un premier don que notre siècle utilitaire sacrifie trop facilement à ce qu'on est convenu d'appeler une dot : elle reçut le sang qui fait la race, grande et noble race qui préféra toujours la vertu à l'or, *Virtus auro potior*. Cette devise, Monsieur, est la devise des Monlaur, dont les origines remontent haut dans cette terre classique de la poésie et des beaux-arts ! Ne souriez pas si je parle de la poésie et des arts ; sans doute ce sont des fleurs, mais en se développant, ces fleurs constituent un milieu privilégié, chargé d'arômes vivifiants où les esprits s'élèvent, où les caractères se trempent, où l'amour de la vérité fait les martyrs, et les martyrs cette figure la plus sublime de l'humanité ; il me semble la voir se lever dans toute sa beauté sur cette terre foulée par les Dominique et les Montfort. Vous descendez de cette race, Madame ; quand vos aïeux combattaient pour la foi, vos mères les suivaient au champ de bataille en égrenant le rosaire qui valait dans leurs mains le glaive des combats. Ah ! l'on voudrait détruire cette race des femmes aimantes et priantes ; on dit même qu'on oppose au foyer, où se forme au pied du crucifix cette mère chrétienne, le Lycée où se façonne la doctoresse (le mot n'a pu encore entrer dans notre langue, faute d'honneur et de vérité).

Vous, madame, vous avez connu ce foyer chrétien où un

père, digne héritier d'un grand nom, a gardé intacte la devise des aïeux. Quand la maladie vint l'arrêter, il trouva près de lui la femme forte dont le sage nous dit : qu'elle est la Providence d'une famille où par les énergies de l'âme, autant que par les délicatesses du cœur, elle tisse ce double vêtement qui préserve et le père et les filles des froidures de l'hiver et des intempéries de l'air. Je m'en fais le garant, vous marcherez dans cette voie où une sœur aînée vous a noblement devancée auprès d'un époux qui sait unir à la force du soldat l'exquise affabilité du Seigneur, quand vous viendrez dans nos plaines fécondes du Médoc, dans nos vallées moins fortunées, mais fières des souvenirs du passé, de notre Saintonge, vous serez accueillie par tous comme un bienfait du ciel.

Je devrais m'arrêter, mais puis-je oublier que je suis le ministre de Jésus-Christ qui a mis dans la croix toute bénédiction, qui a voulu que sa mère, dont la fête de ce jour symbolise les grâces qui vous sont promises, s'appelât très noblement Notre Dame des douleurs. Permettez donc que je le rappelle : la femme chrétienne doit connaître la douleur ; il manquerait quelque chose à sa physionomie si elle ne connaissait pas les larmes qui donnent à son regard un empire souverain, si son cœur n'était un jour ou l'autre blessé. Mais la douleur supportée avec résignation est ce pressoir mystérieux où le cœur de l'épouse et de la mère rend comme les plantes cachées dans vos montagnes leur suc le plus précieux.

Je le sens, mes frères, vous m'arrêtez du regard et presque des lèvres. Pourquoi parler de l'épreuve quand tous nos cœurs, chargés d'espérance et de vœux, appellent sur ces jeunes voyageurs un avenir fait de longues années et d'un bonheur sans mélange ?

Il m'est, croyez-le, facile de prendre l'unisson de ce cantique et de le chanter avec vous; mais, qui l'ignore, les vœux de l'homme sont bien incertains quand ils ne reposent que sur cet être fragile dont l'existence se déchire entre ces trois termes : le passé, un abîme qui oublie; le présent, un éclair qui brille; l'avenir, un inconnu qui se voile ! Donnez donc à vos vœux l'appui de l'espérance chrétienne, basée sur la prière et le sacrifice du Dieu fait homme.

Qu'Il embrasse dans son jour éternel tous les instants de la durée, et demandez avec son prêtre à l'autel, demandez au nom du Christ et de la Vierge Immaculée que ces époux, objet de tant d'affections et de sollicitudes, perpétuent la race glorieuse des Saint-Légier et des Monlaur, en perpétuant la race sainte des disciples du Christ.

En la fête de N.-D. de la Merci,
24 Septembre 1890.

Bordeaux. — Imp. R. Coussac & F. Coustalat, rue Gouvion, 20.